LES RÉPUBLICAINS

EN PRISON

SOUS LA RÉPUBLIQUE.

RÉFORME DES PRISONS.

PAR DESLOGES,

Ex-détenu politique.

PARIS,

27, GALERIE COLBERT.

—

1851

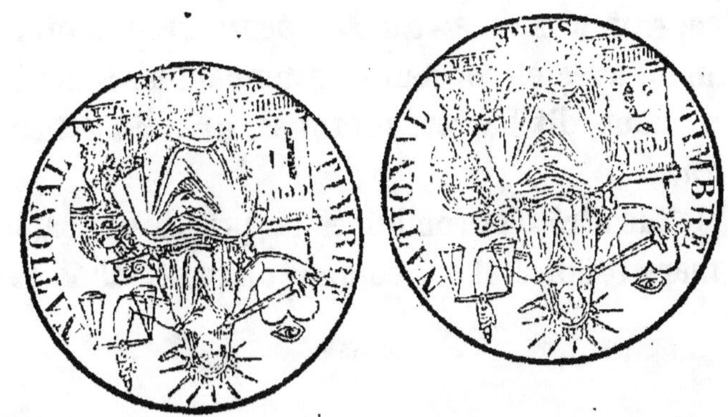

LES
RÉPUBLICAINS

EN PRISON

SOUS LA RÉPUBLIQUE.

I.

Au mois d'août 1849, je fus condamné à 2,000 francs d'amende et à un an de contrainte par corps, parce que l'imprimeur avait omis de mettre son nom au bas d'une brochure *déposée* chez moi, et à la publication de laquelle j'étais complètement étranger ; arrêté ensuite préventivement à la réunion de la rue Rumfort, le 26 octobre, je fus mis en liberté le 31 décembre. Appelé en cour d'assises le 29 janvier 1850, pour la publication de l'*Histoire comparée du Drapeau* BLANC *et du Drapeau* TRICOLORE, je fus condamné, avec circonstances atténuantes, à deux mois de prison, pour, dit l'arrêt, *attaques aux institutions républicaines.*

Je fus arrêté et conduit à la prison de Sainte-Pélagie le 4 mars 1850. J'ai eu, comme on voit, dans l'espace de six mois, une foule de démêlées avec la justice, et cela, ma foi, bien malgré moi.

Eh bien ! je ne m'en plains pas. Ces catastrophes m'ont mis à même, si ma faible voix est entendue, de rendre quelques services à la société.

En arrivant à la prison, je sollicitai, comme détenu politique, mon admission au pavillon spécialement affecté aux détenus politiques, pour jouir des nombreux privilèges créés au profit des partisans de l'*égalité*; j'y fus admis aussitôt.

La cellule dans laquelle je fus introduit contenait quatre lits : elle était habitée par les citoyens : Bocquet, nommé par M. Marrast adjoint à la mairie du douzième arrondissement, à la suite des *glorieuses* de 1848 (dignes filles des *glorieuses* de 1830) ; Fiolet, condamné à cinq ans pour l'incendie du pont d'Asnières ; Olivier, bonapartiste, condamné à cinq ans de prison pour les évènements de juin 1848, par suite des menées infernales et ténébreuses des montagnards, qui se sont vengés de lui en le dénonçant, et cela, parce qu'il n'avait pas voulu marcher avec eux, et les avait empêchés de commettre plusieurs meurtres et incendies dans le faubourg Saint-Antoine, où est son domicile.

Mes voisins du pavillon étaient : Bussière, condamné, dans l'affaire Bréa et Mangin, à dix ans de réclusion ; Boisse, organisateur de la désorganisation de l'armée, et condamné pour la publication de *Quatre hommes et un caporal ;* Leclerc, peintre en bâtiments, excellent garçon, mais trompé et abruti par les doctrines révolutionnaires : aussi serait-il très-facile de le ramener à de meilleurs sentiments ; Salgue, tailleur, vieil habitué des *sociétés secrètes*, instrument docile des chefs d'intrigues ; Bodéon, jeune méridional, rédacteur successif des journaux démagogues de Toulouse et de Moulins, condamné à dix-huit mois de prison pour délit de presse. Dans son état normal, il est sensé, poli, il cause agréablement; mais lorsqu'il discute politique, il crie, gambade, bondit de la voix et du corps, comme un vrai lionceau qui se sent piqué par une guêpe. Il y avait encore là trois braves gens, pères de famille, qui, bientôt, m'avouèrent qu'une fois sortis on ne les reprendrait plus dans une pareille bagarre, et me manifestèrent un profond dégoût pour les montagnards. Bert m'a dit plusieurs fois : « Lorsque les chefs, en parlant des *modérés*, disent *assomme*, ne faites pas attention si je dis TUE; j'y suis obligé, sans cela ils me NETTOIERAIENT. » (1)

II.

M. Sougères, gérant du journal *le Siècle*, condamné à un mois de prison, était depuis quatre jours dans la salle des conducteurs ; désirant jouir des privilèges accordés aux républicains, il sollicita son admission au pavillon, ce qui sur-le-champ lui fut accordé. Il était midi lorsqu'il arriva à la place de Bocquet, qui était allé habiter avec Bodéon. Quelques socialistes vinrent voir Fiolet ; on exhala, comme d'usage, une haine farouche contre les *modérés*; on parla de les *pendre*, de les *guillotiner*, et autres gentillesses. C'était un feu roulant de projets meurtriers : le lendemain matin, sitôt la porte ouverte, le gérant du *Siècle* se lève précipitamment, va dans son ancienne chambre, et dit à Gaultier, l'auxiliaire : « Mon cher garçon, ayez la bonté de m'admettre de nouveau dans votre vaste chambre, où, cependant,

____

(1) En argot révolutionnaire, *nettoyer* veut dire *tuer*.

vous êtes vingt ; allez bien vite chercher mon lit : j'ai été malade toute la nuit, tant m'ont impressionné les *horreurs que j'ai entendues* hier dans l'après-midi. Si j'étais obligé de passer encore vingt-quatre heures avec les *politiques* du pavillon, je deviendrais fou ! »

Gaultier, en entrant dans notre chambre, n'y trouva que M. Olivier et moi ; alors il nous dit :

«—Qu'avez-vous donc fait au gérant du *Siècle*? il est malade de ce qu'il a entendu ici.

«—Si cela pouvait guérir son journal des doctrines socialistes, nous serions enchantés de ce qui lui arrive, répondîmes-nous.

« — Malheureusement, il n'en sera rien, dis-je, le *Siècle*, comme tous les journaux révolutionnaires, n'est pas un journal de conviction, mais bien de spéculation, de mercantilisme, et il continuera d'empoisonner la société, malgré son honnête gérant. »

Je viens de dire que tous les journaux révolutionnaires sont des empoisonneurs sociaux ; je ne crois pas devoir en rester là ; aussi j'offre d'en donner les preuves en conséquence.

Je donne un défi à tous les révolutionnaires, dans la personne de trente de leurs membres les plus savants, de prouver qu'un seul d'entre eux a l'ombre du sens commun, en économie politique et sociale. Être révolutionnaire, c'est le comble de l'absurdité, à moins que ce ne soit le comble de la scélératesse.

J'en défie trente, afin que toutes les nuances, que toutes les capacités révolutionnaires soient représentées ; ces trente auront contre moi l'avantage de leur science et surtout de leur éloquence ; à moi, tout cela manque ; mais ce qui leur fait défaut, et que j'ai plus qu'eux, c'est un peu de bon sens en économie politique, petit rien, qui me suffira pour pulvériser les *géants* révolutionnaires.

Pour augmenter l'intérêt de cette lutte, je parie 100,000 francs de les convaincre tous d'imbécillité en matière politique ; voilà un sûr moyen d'anéantir les divisions qui menacent de perdre le monde, et de nous rallier tous sous le même drapeau.

Les révolutionnaires qui accepteront mon défi mériteront bien de la patrie, puisqu'ils faciliteront cette si désirable fusion.

III.

Les montagnards sont plus maîtres dans la prison que les gardiens, qu'ils apostrophent de mille mauvaises plaisanteries, qu'ils insultent et menacent de pendre. Eh bien ! ceux-ci dévorent tous ces affronts et n'osent user de représailles. A la moindre réponse un peu brusque, résultat de leur indignation, une plainte est portée au directeur ; une deuxième est envoyée au préfet de police, une troisième au ministre de l'intérieur, le tout appuyé de démarches actives de la part des représentants montagnards ; M. Olivier et moi, nous étions indignés de l'ignoble hypocrisie de ces jongleurs politiques.

Si un gardien commettait un oubli, une erreur, on s'acharnait impitoyablement à sa perte : constamment le directeur était assailli de plaintes et de réclamations absurdes ; les soixante politiques lui donnaient quatre fois plus de mal que les cinq cents autres détenus ; les montagnards mettent en pratique la tactique des révolutionnaires sous Charles X, c'est-à-dire que l'autorité eût-elle vingt fois raison ; ils lui donnent toujours tort. L'administration avait beau avoir mille complaisances, les montagnards prétendaient qu'on les tyrannisait, qu'on les torturait, qu'on les assassinait, qu'on les empoisonnait, qu'on faisait tout pour abréger leur vie, que les vivres étaient détestables et insuffisants : les faits démentaient ces récriminations ; et pourtant, cinquante à soixante visiteurs, amis des condamnés, s'en allaient tous les jours dans toutes les directions de Paris répéter ces fables. Les représentants montagnards, feignant l'indignation, portaient à la tribune, contre le gouvernement, ces accusations qu'ils savaient mensongères ; mais peu leur importe, tout moyen leur est bon pour attaquer le gouvernement et perdre la société. L'autorité répondait à ces calomnies par des égards sans nombre et par des concessions qu'on doit blâmer ; car, qu'on le sache bien, les concessions faites aux révolutionnaires ont toujours eu pour résultat d'affaiblir l'autorité, de la désarmer, de rendre plus exigeants, plus audacieux les révolutionnaires. Ils ne savent aucun gré de ces concessions, qui ne sont qu'un moyen d'augmenter leur force : avec ce système ils ne manqueront pas d'être bientôt les maîtres.

IV.

Privilèges dont jouissent les détenus politiques.

Les détenus ordinaires ne sont admis au *parloir* que deux fois par semaine, de midi à trois heures ; la plupart ne peuvent se voir et se parler que séparés par des grilles de fer.

Les détenus politiques reçoivent tous les jours et dans leurs chambres, depuis dix heures du matin jusqu'à huit heures du soir, tous ceux qui veulent venir les voir ; il y en avait qui recevaient dix, quinze et vingt personnes à la fois ; les dimanches et les lundis, nos chambres étaient remplies de visiteurs et de visiteuses ; puis on se promenait bras dessus bras dessous, de chambre en chambre ; on sautait, on riait, on chantait, on *fricottait*, on buvait, on se disputait, quelquefois on se battait ; puis les amants s'égaraient dans les cellules des amis complaisants.....

Les détenus ordinaires ont les vivres gras deux fois par semaine.

Les détenus politiques les ont cinq jours sur sept, et, en supplément, un plat de légumes ; et l'on donne double ration de bouillon à ceux qui le demandent: il n'y a peut-être pas quatre restaurants à Paris qui servent d'aussi bon bouillon.

Les détenus ordinaires ne reçoivent pas de vin de l'administration, à moins qu'ils ne le paient ; dans ce cas, ils ne peuvent en avoir qu'une chopine le matin et une le soir.

Les détenus politiques reçoivent, *pour rien*, une chopine de bon vin tous les matins ; et, si cela ne leur suffit pas, ils peuvent en acheter un litre à la cantine et en faire venir du dehors trois litres par jour chacun, sans compter qu'ils peuvent boire du café et de la bière à volonté.

Les détenus ordinaires, s'ils réclament des vêtements de la maison, reçoivent, en été, pantalon et veste de toile ; en hiver, pantalon et veste de gros drap gris et chaussettes de laine ; en tout temps, des sabots.

Les détenus politiques reçoivent un pantalon de velours, une vareuse en laine noire doublée de crinoline, une cravate, une casquette en velours à côtes blanches avec visière, deux paires de chaussettes de coton en été, et deux de laine en hiver, des souliers ; en outre, des sabots à discrétion. Il y a des politiques qui, dans un hiver, en ont cassé et brûlé VINGT-QUATRE PAIRES chacun ! Tout est entièrement neuf ; mais ce qu'il y a d'avantageux, c'est que les politiques mis en liberté emportent tous ces effets ; depuis que je suis en liberté, je les porte chez moi.

Les détenus politiques sont mieux logés que les pistoliers, et ne paient pas de pistole. Du matin au soir, ils peuvent aller et venir dans la cour : cette faveur est limitée pour les autres détenus.

Les politiques prennent des bains chauds à volonté ; le médecin de la maison a pour eux mille bontés ; il leur donne des gilets de flanelle, etc.

Les détenus ordinaires n'ont jamais de permission de sortir, si ce n'est accompagnés de deux agents ; encore faut-il de graves motifs pour obtenir cette faveur.

Les politiques, cinquante sur soixante, ont obtenu des permissions de sortir sans être accompagnés. Bussière, condamné à dix ans, en a obtenu plusieurs !!!...

Les prisonniers ordinaires sont tenus de se lever à sept heures du matin, de faire leur lit, de balayer leur chambre ; les politiques ont refusé de se soumettre à aucune règle : ils se lèvent selon leur bon plaisir, souvent ne font pas leurs lits (plusieurs ne le font que lorsqu'ils changent de draps, *une fois par mois*), leurs chambres sont quelquefois d'une saleté dégoûtante ; eh bien ! si un gardien osait se permettre la moindre observation à ce sujet, on l'*envoyait promener* en le prévenant qu'à l'avènement de la *sociale* il serait *pendu* ! Presque tous les jours un gardien passait dans les chambres, nous saluait, et lorsque notre chambre n'était pas trop remplie de visiteurs, demandait à M. Olivier et à moi si nous nous portions bien, et *vice versâ*, ce qui mettait Fiolet en fureur.

— « Geôlier ! dit-il un jour au gardien Larondie, si ça amuse ces messieurs de causer avec vous, moi ça m'ennuie de vous entendre parler et de vous voir ici ; si vous avez des ordres de passer dans notre chambre, c'est pour vous assurer que les barreaux ne sont pas sciés ; conséquemment, entrez et sortez sans mot dire, nous n'avons pas besoin de votre salut ; je vous défends de me saluer et d'ouvrir la bouche : sans cela je vous f... à la porte ! »

Fiolet ne se contenta pas de cette sortie ; il écrivit immédiatement, dans les mêmes termes, au directeur de la prison, en le prévenant qu'il eût à défendre à ses gardiens de parler dans notre chambre, etc. Olivier et moi nous étions indignés de tant d'audace d'une part, et désolés de tant d'inertie de l'autre ; plusieurs fois le directeur a déployé de la vigueur ; alors les révolutionnaires écrivaient, mettaient leurs amis les représentants montagnards en campagne, et aussitôt le directeur était non-seulement désapprouvé, mais encore il était forcé de faire de nouvelles concessions, sur quelques points de la discipline, aux anarchistes détenus, ce qui décourageait les gardiens.

V.

Après douze jours de détention au milieu des révolutionnaires, je fus étonné de la faiblesse, de l'absurdité de leurs arguments, et surtout de la facilité avec laquelle je les réduisais à néant. Mes arguments trouvaient de la sympathie parmi mes co-détenus ; en particulier, plusieurs me firent des confidences ; j'étais heureux d'avoir jeté quelques bons germes dans ces âmes qui ne demandaient qu'à s'ouvrir à la lumière et à la vérité.

Les royalistes n'ont rien appris, et ils ont tout oublié ; ils n'ont jamais rien fait ni rien proposé en faveur des classes qui souffrent.

Tel est le thème habituel des révolutionnaires : ces paroles m'étaient lancées à brûle-pourpoint comme un feu roulant.

— Ma foi, Messieurs, dis-je un jour, je voudrais que vous eussiez la bonté de me dire ce qu'ont fait dans l'intérêt du pauvre les révolutionnaires, de 1793 à 1814. Certes, le temps ne leur a pas manqué ; en vingt-un ans ils ont eu le loisir d'aviser ! Eh bien ! toutes leurs mesures absurdes ont eu pour résultat de doubler le nombre des pauvres, stupides admirateurs des Romains, dont les deux tiers étaient esclaves et l'autre tiers propriétaire d'esclaves ; ils n'ont su se faire que plagiaires. Tant qu'a duré la loi des suspects, tous les Français étaient réduits à l'état d'esclaves, sur lesquels les révolutionnaires avaient droit de vie et de mort, et ils en ont largement usé. Tous les progrès, toutes les améliorations sociales sont dues à la monarchie et à ses partisans ; il n'y en a pas qu'elle n'ait proposées.

Plusieurs voix : Lesquelles ?

— Il n'y a pas besoin d'aller bien loin. Moi qui vous parle, j'ai proposé un projet qui, mis en pratique, empêcherait non-seulement l'aggravation de la misère de 50,000 Français, tous les ans, mais qui assurerait au contraire chaque année le bien-être de 50,000 travailleurs.

Par cette combinaison unique, j'abolis encore tous les droits qui pèsent sur les denrées alimentaires, lesquelles sont la vraie source du bien-être universel. — Plusieurs voix : Bravo ! Où est ce projet ? Si ce n'est pas une *blague*, il devrait être imprimé. — Il l'est. Alors j'en tirai de ma poche quatre exemplaires, que je remis à l'auditoire.

Une fois parcourus, de vives félicitations me furent données : le citoyen Junius prend la parole

« *Le nouveau système de recrutement* du citoyen Des-
« loges offre, il est vrai, d'immenses avantages ; mais il
« offre aussi de graves inconvénients, auxquels vous n'avez
« pas réfléchi. S'il était établi par les gouvernements de
« l'Europe, c'en serait fini de la révolution ; l'autorité que
« nous voulons détruire serait à jamais inébranlable ! Et
« qu'est-ce que c'est que le bien-être que nous offre le plan
« du citoyen Desloges à côté des bienfaits de l'égalité ? L'ar-
« mée ne serait plus, dès lors, qu'une garde prétorienne. »

La société de propagande dite démocratique, dès son début, propagea mon écrit ; mais quand elle sut que j'étais légitimiste, elle cessa de s'en occuper. Depuis, plusieurs écrivains démocrates se sont fait plagiaires en mutilant mon travail pour s'en attribuer le mérite ; mais, comme ils n'ont pas été militaires, leur écrit n'a que le mérite du style.

Ayant occasion de parler à un administrateur, je lui dis :

— « Si l'autorité veut me permettre de convertir les révolutionnaires au parti de l'ordre, je réponds que dans quinze jours, sur soixante qui sont ici, quarante-cinq seront à nous. Car j'ai acquis la certitude que l'opinion de la plupart d'entre eux est plutôt le résultat de l'erreur où on les a plongés et dans laquelle on les laisse croupir, que le résultat de la perversité. »

Il me répondit :

— « Vous transformeriez plutôt les voleurs en honnêtes
« gens, que les révolutionnaires en hommes d'ordre. Mon-
« sieur Desloges, occupez-vous de vos intérêts, et laissez ces
« hommes s'arranger comme ils l'entendront. »

Cette réponse paralysa mon activité. Cependant, peu
après, la partie restée fidèle à l'anarchie se constitua en
tribunal révolutionnaire dans la salle de la VRAIE MONTA-
GNE (1), sous la présidence *du vénérable Baune*. Je fus
traduit à sa barre sous l'accusation d'avoir coopéré à détacher de la phalange démocratique une partie de ses membres (2).

Ma réputation de bon conseiller était allée jusqu'aux
voleurs ; aussi, lorsque quelques-uns venaient dans notre
quartier, faisaient-ils leur possible pour me parler ; je m'y
prêtais de mon mieux. Ce fut dans ce contact de tous les
jours que je compris et conçus les moyens de régénérer tous
ces infortunés. Puisse ma voix être entendue !

---

(1) Ces messieurs prétendent que les Représentants de la Montagne
ne sont pas de vrais Montagnards, excepté Nadaud.

(2) Singulière position que la mienne ! Me voilà condamné par les
ennemis de l'autorité pour l'avoir défendue et avoir voulu lui convertir ses adversaires !

Que les hommes sont sujets à erreur ! Moi qui, mu d'un profond
respect, d'un dévouement sans bornes pour le pouvoir ; moi qui, par
la parole et les armes, l'ai constamment défendu, on a tout fait pour
me jeter dans les rangs de ses ennemis. L'autorité n'y réussira jamais,
car je comprends que de ma part ce serait un crime. Faut-il, parce
que quelques hommes du pouvoir ont été injustes envers moi, que
je devienne l'ennemi de la société ? Doit-elle souffrir des fautes de
quelques-uns de ses employés ? Non. J'ai été, je suis, et serai toujours
un défenseur de l'ordre et de l'autorité.

VI.

Dès mon entrée à Sainte-Pélagie, je me mis à rédiger des notes et des mémoires justificatifs ; j'en adressai à plusieurs ministres et à plusieurs magistrats. Voici un fragment de ce travail justificatif :

Copie d'une Note que j'ai adressée à M. le Ministre de la justice.

> « La conduite des révolutionnaires « à mon égard, ce qui suit et tout ce « qui m'est arrivé depuis vingt ans, « me prouvent que très-souvent rien « n'est plus malheureux, en France, « qu'un honnête homme. »

« M. Bocquet, ardent propagandiste révolutionnaire, retenu en prison pour amende, ayant produit un certificat d'insolvabilité, a été mis sur-le-champ en liberté. Me trouvant dans le même cas, les révolutionnaires m'ayant fait perdre 20,000 fr., j'ai, après quatre mois de détention, réclamé ma mise en liberté, en vertu des mêmes articles invoqués par M. Bocquet ; alors on m'a répondu que c'était par ERREUR qu'il avait été mis en liberté.

« C'est aussi par ERREUR, sans doute, qu'à ma connaissance, une douzaine de ses amis ont été mis en liberté bien avant leur temps expiré.

« Mais, s'agit-il des amis de l'ordre, des défenseurs de l'autorité, du gouvernement, les ERREURS sont d'une tout autre nature.

« Par ERREUR, l'imprimeur a omis de mettre son nom sur l'écrit de M. Bravard.

« M. Bravard, *que je ne connaissais pas*, me l'envoya pour le brocher. Pourquoi plutôt chez moi que chez un autre ?...

« Dans son rapport, M. le commissaire a consigné une ERREUR sans laquelle j'eusse été acquitté ; elle est si palpable, qu'il suffirait de la lui montrer pour qu'il la reconnût.

« Sur mon mémoire justificatif, le conseil d'Etat a déclaré que *remise entière* de l'amende devait m'être faite ; mais, par ERREUR sans doute, elle fut maintenue à 594 fr.

« Si je suis en prison, ce ne peut être que par ERREUR ou par quelques infernales machinations; je puis le PROUVER.

« On m'a assuré qu'il y a parmi les agents du gouvernement une main invisible qui produit toutes ces ERREURS, les unes en faveur des hommes de désordre, les autres contre les hommes d'ordre.

« Ce qui m'arrive le prouve surabondamment, car ma vie a été toute de dévouement. J'ai servi huit ans dans l'armée avec un zèle peu commun, ce qui m'a valu un avancement aussi rapide que possible.

« En 1835, vu mes bons antécédents, j'ai obtenu du gouvernement un brevet de libraire.

« Jamais, dans la garde nationale, je n'ai mérité ni reçu le plus petit reproche, mais bien force félicitations pour mon zèle à défendre l'ordre.

« Depuis que je suis en prison, M. le préfet de police, M. Jeannesson, chef de bureau des prisons, M. le directeur de Sainte-Pélagie, les gardiens, etc., ont pour moi une foule d'éga ds ; c'est qu'ayant été en contact permanent avec eux, ils ont été à même de m'apprécier.

« C'est qu'ils m'ont vu défendre l'ordre, le gouvernement et l'administration, contre les attaques des fauteurs d'anarchie.

« C'est qu'ils m'ont vu, au péril de ma vie, contribuer à détacher des rangs des ennemis de l'ordre, une dizaine de braves gens égarés par des prédications insensées et criminelles.

« C'est qu'ils m'ont vu affronter les menaces et les vociférations d'une partie de mes co-détenus, qui, après *jugement* rendu entre eux contre moi, m'ont signifié dans une audience révolutionnaire, que si dans trois jours je n'étais pas parti, ils ne *répondaient de rien* (1). Dans l'intérêt de l'ordre et de la discipline, je n'ai tenu nul compte de ces terribles menaces, et depuis le 7 août je vis en contact permanent et au milieu de révolutionnaires qui se sont déclarés mes ennemis politiques.

« J'ai l'honneur, etc.

DESLOGES. »

Enfin l'autorité, éclairée sur mon compte, et après avoir reconnu que toute ma vie était exempte du plus léger reproche, m'a rendu à la liberté au mois d'octobre 1850.

---

(1) Ce qui voulait dire qu'ils m'assassineraient, et cela eût eu lieu sans une perquisition générale qui produisit la saisie de plusieurs poignards. Dans quel but les révolutionnaires avaient-ils introduit ces armes meurtrières?... J'avais contribué à faire signer une demande en grâce, accompagnée d'une protestation anti-révolutionnaire à une partie d'entre eux; c'était un grand crime aux yeux des chefs montagnards.

RÉFORME DES PRISONS.

SYSTÈME THÉORIQUE ET PRATIQUE

POUR FAIRE DES PRISONS DES FOYERS DE MORALISATION, LES-QUELLES N'ONT ÉTÉ JUSQU'A PRÉSENT QUE DES FOYERS DE DÉMORALISATION, DES ÉCOLES DU CRIME.

VII.

Détenu pendant huit mois à Sainte-Pélagie, j'ai eu tout le temps d'étudier notre système pénitentiaire, qui, malgré tous les essais tentés, n'a pas empêché que nos prisons, tout le monde le reconnaît, ne fussent des FOYERS DE DÉMORA-LISATION.

Et pourtant, j'ai reconnu qu'il était très-facile de les trans-former en *foyers de moralisation* ; je vais tâcher de le prou-ver.

Ce qui jusqu'ici n'a pas été compris, c'est que la bonne éducation est à l'homme ce que la greffe est à l'arbre. Tel arbre produit de mauvais fruits ; mettez-y une bonne greffe, il donnera alors des fruits excellents.

D'un autre côté, l'homme ayant en lui les germes du bien et du mal, greffez sur le mal, vous le développerez, vous lui donnerez des proportions gigantesques. Dans ce cas, vous produirez des révolutionnaires, c'est-à-dire des as-sassins, des intrigants, des usurpateurs, ou, ce qui est la même chose, des abrutis, des extravagants, des ravageurs, des hommes enfin possédant tous les vices.

Greffez au contraire sur le germe du bien, développez-le à l'aide d'une bonne éducation, vous obtiendrez des hommes d'un sens droit, des hommes de principes, d'intelligence, d'honneur.

Ce système d'éducation peut être mis en pratique de suite par tous les gouvernements, non-seulement dans les prisons, mais encore, en le modifiant, dans les villes, et jusqu'au fond des hameaux les plus reculés, et cela sans toucher aux budgets des Etats.

Quelques mois après la mise à exécution dans les prisons du système d'éducation suivant, on pourrait, sans danger pour la société, rendre à la liberté les dix-neuf vingtièmes des détenus, et affranchir de la terrible surveillance la presque totalité des malheureux qui y sont soumis (1).

Six mois après la mise en vigueur de cette éducation moralisatrice, les révolutionnaires seraient régénérés, et le bien-être alors universel.

La théorie et la pratique du mal fortifient dans le vice tous ceux qui en subissent les influences délétères.

La théorie et la pratique des bonnes doctrines fortifient l'homme dans le bien. Pour y accoutumer les prisonniers, il suffirait d'anéantir l'influence désorganisatrice des plus pervertis, des plus extravagants, et la remplacer par celle des bons sujets ; cela est très-facile.

Il n'y a qu'un seul moyen d'arriver à ce but : voici ce qu'il faudrait faire :

1º Réunir les détenus qui, par leur bonne conduite, leur repentir, ont mérité d'être portés sur le tableau des grâces ;

____

(1) J'offre mon concours gratuit pour l'organisation de ce système moralisateur.

leur adresser une allocutiou chaleureuse, leur persuader que le gouvernement est décidé à agir avec bienveillance à l'égard de ceux dont la conduite est régulière, à les rendre même à la liberté aussitôt qu'ils auront donné toutes les garanties morales nécessaires (1).

2° Réunir le lendemain tous les prisonniers, même ceux qui seraient au cachot, leur répéter les paroles de la veille, leur démontrer combien le vice, le cynisme sont dégradants, et combien la pratique du devoir, la probité, élèvent l'homme; les exhorter à ne plus s'écarter des bons principes, seul moyen d'obtenir des réductions de peine, de faire oublier même ce qu'ils sont pour ce qu'ils peuvent être un jour.

Pour que le moindre germe du bien, même chez les plus pervertis, pût être cultivé, il faudrait gracier du cachot ceux qui y seraient, pour les encourager à commencer une vie nouvelle.

3° Nommer, séance tenante, des chefs de chambrée choisis parmi les prisonniers inscrits au *tableau des grâces*. Ils seraient chargés, comme les caporaux dans les régiments, de l'ordre intérieur, etc.

4° Lire (et afficher dans les cours et chambres) un règlement dont voici la substance :

Sera rayé du *tableau des grâces*, et privé d'y être inscrit pendant un an, à partir de l'infraction, celui qui aura juré, prononcé des paroles cyniques, fait des gestes indécents;

Celui qui manquera de respect envers les chefs et employés de la prison, du chef de la chambrée, ainsi qu'à l'égard d'un ou de plusieurs de ses camarades;

____

(1) Je tiens à la disposition de l'autorité un plan complet que je ne puis qu'indiquer ici.

Celui qui frappera ou menacera de frapper qui que ce soit ;

Ceux qui s'entretiendront de vols, qui comploteront des vols ou toute autre mauvaise action ;

Celui ou ceux qui raconteront des histoires immorales, chanteront ou copieront des chansons déshonnêtes, ou tout autre écrit de ce genre, etc.

Dans le cas d'infraction au règlement, ou d'une mauvaise action, quelle qu'elle soit, autoriser la chambrée dont le coupable fait partie, à délibérer sur la mauvaise action qui leur sera soumise, sous la présidence de leur chef, qui en ferait son rapport à l'administration.

5° Chaque chambrée est solidaire des fautes de chacun de ses membres ; si l'un d'eux commet une faute défendue par la conscience, et que la chambrée y soit indifférente, c'est une preuve que tous sont indignes de la bienveillance de la société ; en conséquence, tous seront rayés du *tableau des grâces* : mais si les membres de la chambrée sont réellement vertueux, ils s'indigneront de toute malhonnête action, se constitueront en commission d'examen, dresseront procès-verbal, et requerront la radiation du tableau des grâces du délinquant.

On relèverait ainsi la dignité de chaque condamné ; on lui donnerait une importance relative ; il deviendrait naturellement un défenseur de l'ordre et de la morale.

Si un prisonnier était assez insensé pour rester incorrigible, il faudrait le séparer des autres détenus.

Bien des personnes penseront qu'il sera impossible d'obliger les détenus à ne plus jurer, etc. C'est là une grande erreur. Quel besoin a-t-il de manquer au règlement ? aucun ; qui l'oblige à jurer ? rien ; quand, au contraire, tout l'oblige, tout le force à s'abstenir d'avoir un sale langage, qu'il tient plus par fanfaronnade que pour sa satisfaction personnelle.

En interdisant aux prisonniers la théorie et la pratique du vice, on les comblera de joie : la théorie et la pratique de la morale, dont une partie d'entre eux se moquaient, tous en deviendront idolâtres. Et il arrivera ceci, que les prisonniers grâciés à la suite de ces pratiques, inspireront plus de confiance que la plupart des personnes qui ont toujours été libres.

Tous les classements qu'on pourrait faire, tous les moyens qu'on pourrait employer pour moraliser les détenus, resteront stériles si l'on n'exige la soumission aux articles qu'on vient de lire.

Ce qu'il y a d'excellent dans cette combinaison, c'est d'obtenir sans efforts, sans contrainte, de 6 mois à 2 ans, une conduite tout à fait irréprochable de la part des détenus. Accoutumés ainsi à la pratique de ce genre de vie, qui donne le vrai bonheur, ils pourront facilement y persévérer ; car alors ils seront initiés au savoir-vivre de la bonne compagnie.

Tout condamné sera de droit porté au tableau des grâces s'il n'a pas commis UNE SEULE infraction au règlement :

1° Au bout de trois mois, si la condamnation ne dépasse pas un an ;

2° Au bout de six mois, si elle est de plus d'un an et si elle ne dépasse pas cinq ans ;

3° Au bout d'un an, si elle est de cinq à vingt ans.

Par ce système, quel serait le détenu assez ennemi de lui-même pour se perdre sans aucune compensation, sans aucun avantage, sans la plus petite satisfaction ?

Non. On ne se perd pas ainsi de gaieté de cœur.

Ce système, c'est l'épée de Damoclès constamment suspendue sur la tête du détenu. Cette image n'aura rien d'effrayant pour lui, car il sera heureux de pratiquer la vertu, à laquelle il devra son bonheur.

La plupart des détenus raisonnent, et tous accusent l'autorité de ne rien faire pour assurer leur avenir ; aussi leur est-elle odieuse ; ils ne voient dans le gouvernement qu'un oppresseur inhabile et cruel, et l'indignation qu'ils éprouvent est partagée par leurs innombrables familles. C'est ce qui explique la force du parti révolutionnaire ; il est donc doublement urgent, indispensable, que les prisons deviennent des foyers de régénération sociale, au lieu d'être, comme actuellement, des ÉCOLES DU CRIME, des écoles révolutionnaires.

Une, deux, ou quatre fois par mois, auraient lieu des cours d'économie sociale, de morale, des cours professionnels, etc., dans lesquels tous les prisonniers entendraient trois ou quatre orateurs. Là, on leur rappellerait souvent qu'une expression grossière, un terme injurieux, un geste cynique sont des symptômes de démoralisation, de perversité dont on doit se corriger si l'on veut se rendre digne de la sollicitude et de la bienveillance de la société.

Un chœur d'orphéonistes exécuterait entre chaque discours un de leurs morceaux magnifiques.

Ces moyens, joints à quelques autres que le défaut d'espace ne me permet pas de détailler ici, ne pourraient manquer de faire des dix-neuf vingtièmes des prisonniers, de très-honnêtes gens.

Je suis tellement convaincu de l'efficacité de ce système, que si le gouvernement pouvait mettre à ma disposition mille détenus des moins recommendables, je prendrais l'engagement d'en former un bataillon dont le service, la tenue et la conduite laisseraient bientôt si peu à désirer, qu'on pourrait l'offrir en modèle à tous les corps de l'armée.

J'ai dit plus haut que tout homme apporte en naissant les germes du bien et du mal, de l'intelligence et de l'abrutissement ; si le malaise social est aujourd'hui aussi grand, l'intelligence si médiocre, c'est que les gouvernements n'ont pas su rechercher et combiner les moyens de développer chez les masses les germes du bon sens et des sentiments honnêtes ; c'est que l'Université n'a su faire de ses docteurs, de ses maîtres ès-lettres, que des mécaniques de sciences, enrayées sur les voies révolutionnaires.

Ma proposition est une œuvre plus puissante que tous les moyens de répression, plus efficace que les plus terribles châtiments, parce qu'elle tend à réhabiliter le condamné à ses propres yeux, et qu'elle le ramène à avoir confiance en ceux dont il n'attendait que *haine* et *mépris*, après son expiation.

Et qu'on le sache bien ! les prisonniers sont des hommes comme nous ; un accident, une circonstance souvent insignifiante, les ont jetés hors du droit chemin. Nos moyens de répression ont eu pour résultat, non pas de les y faire rentrer, mais de leur en interdire l'accès. Il y a parmi eux des cœurs accessibles aux sentiments généreux, des hommes qui ont pu céder aux influences des mauvaises passions, des pernicieux exemples, mais que le malheur peut ramener en les éclairant. Non, ils n'ont pas tout perdu dans leur cruel naufrage, et il est encore au fond de ces âmes des sentiments qu'il suffira de rappeler ou d'émouvoir pour reconnaître que le mal n'est pas incurable, et qu'il y a souvent plus de folie et d'aveuglement que de perversité réelle dans les causes qui les ont poussés dans l'abîme.

Cette œuvre portera ses fruits, parce qu'elle prend le condamné par le cœur, et que, quel que soit le degré d'abjection où l'homme est descendu, il existe toujours chez lui des cordes qu'il suffit de faire vibrer pour le désarmer et le convaincre.

La répression *matérielle* n'atteint pas même la moitié du but ; c'est à l'organisation morale, à l'éducation, à une bonne direction des esprits, qu'il appartient de l'atteindre tout entier.

Deux mots encore sur ce grave sujet :

Je viens de lire le rapport sur la proposition de MM. l'amiral Dupetit-Thouars et Boinvilliers. Les lignes qu'on vient de lire étaient écrites déjà quand il m'est tombé sous la main.

Ce rapport, fait par l'honorable M. Grelier du Fougeroux, commence par avouer que le *régime de nos prisons, de nos maisons centrales et de nos bagnes, n'atteint pas, tout le monde en convient, trois buts que la société humaine doit se proposer lorsqu'elle punit un coupable en le séparant d'elle :*

L'EXPIATION, — L'EXEMPLE, — L'AMÉLIORATION.

Puis il conclut à l'application du régime cellulaire, et à l'établissement d'un lieu de déportation (1).

---

(1) Voir ce rapport dans les journaux du 21 juin 1851, qui constate toute la sollicitude, tous les efforts tentés infructueusement par les gouvernements de Louis XVIII, Charles X, Louis-Philippe et de la République, pour améliorer le régime moral des prisons.

Eh bien ! ce système d'isolement ne déprave pas l'homme comme le système actuellement en vigueur, je le crois ; mais il l'abrutit, ce qui ne vaut pas mieux.

Croyez-en l'expérience d'un homme qui a été en prison lui-même, qui a vu de ses propres yeux !....

Si, par ce moyen, le prisonnier échappe à la théorie du mal, il n'est pas amélioré ; il ne fait pas le bien. L'empêcher de se dépraver davantage, c'est bien ; mais le rendre meilleur à la société, le moraliser, c'est mieux.

RÉFORME PÉNALE.

VIII.

La justice de Dieu a pour principale mission la réhabilitation du coupable repentant ; la justice des hommes, toute matérielle, frappe et flétrit aveuglément. Il faut s'empresser de mettre en harmonie la justice humaine et la justice divine.

Le devoir des législateurs est d'apporter un prompt remède au mal toujours contagieux ; il serait prudent de ne pas infliger la flétrissure aux mineurs comme châtiment d'une première faute, excepté pour les crimes de meurtre et d'incendie ; à l'égard des hommes au-dessous de vingt-un ans, on devrait autoriser les chambres de mises en accusation à renvoyer ces jeunes coupables dans une maison d'éducation spéciale, jusqu'à l'époque de leur majorité, ou même pour un temps moins long, déterminé par les circonstances, après leur avoir imposé la réparation des torts et des dommages causés.

La chambre des mises en accusation devrait encore être autorisée à sauver de la flétrissure les hommes au-dessus de vingt-un ans, dont les méfaits, et surtout les antécédents, n'annonceraient point une perversité constante, et, dans ce cas, elle pourrait, comme nous l'avons dit tout à l'heure, les renvoyer également dans une maison d'éducation et de correction pour un mois ou une année au plus.

Si un accusé envoyé dans une maison d'éducation commet, dans le délai de dix ans, un nouveau méfait, il pourrait être considéré comme récidiviste.

Tout homme, après avoir obtenu sa grâce, serait réhabilité au bout de dix ans, si, pendant cet espace de temps, il n'a commis aucune faute défendue non-seulement par les lois contenues aux Codes, mais encore et surtout par les lois de l'Église. Cette dernière condition est des plus logiques, car on peut ne pas être criminel dans l'esprit du Code, et tenir une conduite immorale, crapuleuse ; réhabiliter de tels gens serait une monstruosité ; nos tribunaux ne punissent que les crimes qui font un tort matériel à autrui, mais l'Église, la vigilante gardienne des principes des dogmes saints, va plus loin : elle réprouve et punit tout ce que la morale et la conscience condamnent.

J'ai appris que Mgr. le comte de Chambord, qui a beaucoup étudié les questions de régénération sociale, se propose, si la nation le rappelle un jour à sa tête, d'opérer d'utiles et larges réformes dans le système répressif.

Cet article était terminé depuis cinq jours, lorsque je lus dans les journaux du 28 avril 1851 le récit de l'évènement suivant :

« Hier matin, les mariniers d'un bateau stationnant sur la Seine, près du pont de Grenelle, ont retiré de l'eau le corps d'un individu. Il fut constaté que la mort remontait à plusieurs jours. Dans l'une de ses poches était une tabatière renfermant l'écrit qui suit :

« Qu'on n'accuse personne de ma mort. Je suis de loin d'ici. J'ai commis une faute grave ; je m'en suis puni par le suicide. Que ceux qui oublieront les lois de l'honneur aient le courage de faire comme moi, car mieux vaut la mort que l'infamie. Que de jeunes gens, entraînés par une première faute, deviennent de grands criminels au contact des autres coupables ! En France, l'homme qui a failli une fois est méprisé de la société. C'est là un horrible préjugé ; car un coupable peut revenir à des sentiments honnêtes. Moi, par exemple, pour une femme, une misérable, j'ai oublié mes devoirs en volant...... ce mot est dur..... oui, en volant mon patron! Découvert, la cour d'assises m'attend, puis une condamnation infâmante, la réprobation de tous ceux qui, à l'expiration de ma peine, sauront que j'ai été condamné... Mais j'ai du cœur, et je meurs !

« Mon vœu le plus ardent est que mon exemple soit connu et qu'il serve aux uns, à nos législateurs, à nos magistrats, au peuple, à être indulgents pour un jeune homme, et à oublier le préjugé qui s'attache au condamné ; aux autres, aux jeunes fous dominés par la passion, à ne pas se laisser entraîner au crime pour satisfaire la coquetterie d'infâmes créatures aux paroles trompeuses, au cœur impur, et dont l'intérêt est le seul mobile.

« Adieu ! »

Cette révélation prouverait encore, si cela était nécessaire, et si des milliers d'exemples ne l'avaient surabondamment démontré, que la réforme pénale est des plus urgentes.

Il est évident qu'après l'épiscopat, la magistrature est ce qu'il y a dans le peuple de plus éclairé, de plus intelligent ;

2.

mais ces magistrats ont fait leurs études à l'Université, qui a pour principe de développer considérablement la mémoire pour que les élèves possèdent le plus de connaissances possible, et cela au détriment des autres facultés intellectuelles. De sorte que les germes du bon sens, du jugement, sont étouffés souvent sous cet amas de science mnémonique. Il en résulte qu'en dehors de leur spécialité, la majorité des savants est d'une ineptie fabuleuse.

Donnez-moi un volume, quelques pages d'un économiste révolutionnaire, et je prouverai qu'il n'y a là qu'erreurs et absurdités exprimées seulement en très-beau style, ce qui rend l'ouvrage d'autant plus dangereux.

Voilà pourquoi depuis soixante ans la magistrature n'a su prendre l'initiative d'aucune réforme pénitentiaire : saturée de science, elle n'a pas le temps de penser ; elle ne s'occupe journellement que de l'application des arrêts indiqués dans les Codes ; ou bien, sent-elle l'utilité de quelques modifications, elle charge des commissions d'aller, à grands frais, étudier les systèmes répressifs des nations les plus éloignées, comme si, avec un peu d'étude, la raison ne suffisait point pour nous démontrer ce qui nous manque et ce qu'il nous faut !

Quant à moi, l'étude des systèmes étrangers en pareille matière me semble tout à fait superflue et inutile. J'ai vu le mal, et j'ai indiqué le remède pour que nos prisons deviennent des foyers de moralisation, persuadé qu'il n'existe nulle part de meilleurs moyens que ceux que je conseille pour atteindre ce but.

Les efforts d'un bon gouvernement doivent tendre à relever l'humanité ; on ne peut y arriver que par une éducation solide.

IX.

Je suis, en économie politique et sociale, ce qu'étaient en mathématiques les pâtres Mondeux et Mangiamel, c'est-à-dire que je puis résoudre, aussi vite que la parole, et à la satisfaction générale, toutes les questions politiques et sociales. C'est pourquoi je déclare que si j'étais chef de l'État, la question hypothécaire, dans les vingt-quatre heures, serait résolue à la satisfaction générale.

Si j'étais chef de l'Etat, je mettrais de suite la vie à moitié moins cher, tout en augmentant les bénéfices des producteurs.

Si j'étais chef de l'Etat, je ferais produire le double à l'agriculture.

Si j'étais chef de l'Etat, je doublerais dans l'année la fortune publique.

Si j'étais chef de l'Etat, je créerais des ressources immenses de bien-être moral et matériel.

Si j'étais chef de l'Etat, j'assurerais du travail à tous les bras valides.

Si j'étais chef de l'Etat, je diminuerais les impôts de moitié.

Si j'étais chef de l'Etat, dans l'espace de trois à six mois, je viderais les prisons en rendant à la société les prisonniers dignes d'elle ; j'affranchirais de la surveillance les hommes qui y sont soumis ;

J'aviserais au moyen de faire rentrer dans une position légale les condamnés contumaces.

Presque tous les comptables de l'armée fraudent et volent le plus qu'ils peuvent.

Tous les gouvernements du monde ont été impuissants pour empêcher qu'il en fût ainsi.

Demandez aux caporaux d'ordinaire, fourriers, sergents-majors, etc. (1). Presque tous vous diront ce qu'ils ont volé aux soldats, à l'Etat, etc., et, ce qui semblerait incroyable si les trois quarts de la France ne le savaient, c'est qu'ils s'en font gloire. Ce genre de vol est dans nos mœurs, et tout en le pratiquant on se croit honnête homme.

Si j'étais chef de l'Etat, dans un an tous ou presque tous les comptables seraient de très-honnêtes gens ; il n'y aurait plus de fraude.

Je serais heureux que M. le Président voulût bien résoudre cette question, ainsi que beaucoup d'autres à l'ordre du jour, et dont la France a un si pressant besoin.

Quant à moi, je dis et je puis prouver que tous les gouvernements ont à leur disposition une puissance immense pour assurer leur conservation, puissance dont ils n'ont jamais soupçonné l'existence, et qui, mise en pratique, doublerait le bien-être matériel et moral du monde, rendrait le désordre et la décadence sociale à jamais impossibles.

---

(1) J'ai été sept ans caporal et fourrier : sur 100 hommes de mon grade, je n'en ai connu que deux qui ne voulaient pas frauder.

Si j'étais chef de l'Etat, je guérirais le peuple de la folie révolutionnaire, devenue maladie chronique.

Si j'étais chef de l'Etat, la carrière militaire, stérile pour les vingt-neuf trentièmes de ceux qui la parcourent, deviendrait une carrière honorable et lucrative pour tous les soldats, à qui elle assurerait un avenir heureux.

Si j'étais chef de l'Etat, je doublerais dans un an le savoir de la presque totalité des travailleurs ;

Je doublerais leur intelligence ;

J'assurerais le logement à tous ceux étant sans moyens d'existence.

Si j'étais chef de l'Etat, j'affranchirais de tout impôt, de toute charge publique, tous ceux qui n'ont que le produit de leur travail pour vivre, moyen qui leur permettrait d'arriver plus facilement à l'aisance, tout en diminuant les impôts qui dévorent la fortune des riches.

Un cinquième de la population est atteint d'infirmités contre lesquelles la médecine est impuissante.

Si j'étais chef de l'Etat, l'art de guérir ferait de tels progrès, que dans deux ans il y aurait *trois fois moins* de maladies chroniques.

En France, il n'est pas un seul éleveur de chevaux qui sache parfaitement les élever : sur cinq chevaux, quatre sont vicieux à différents degrés.

Si j'étais chef de l'Etat, l'art d'élever ces si bons et si utiles quadrupèdes ferait de si rapides progrès, que sur 100 chevaux il y en aurait 98 sans vices.

Notre cavalerie est généralement mal montée; si j'étais chef de l'Etat, dans 3 à 4 ans elle serait la mieux montée de l'Europe, tout en n'achetant plus de chevaux à l'étranger.

On dit que le caractère parisien ne permettra jamais qu'on voie le bourgeois de Paris imiter le bourgeois de Londres, être un *policeman*. Eh bien!

Si j'étais chef de l'Etat, non-seulement les Parisiens, mais encore tous les Français seraient, à la fin de 1851, de zélés *policemen*, à ce point, qu'on n'aurait plus à craindre ni guerres civiles, ni même d'émeutes.

Les révolutionnaires trouvent tout mauvais et veulent tout renverser avant de savoir ce qu'ils mettront à la place de ce qu'ils auraient détruit. Pour moi, je trouve notre organisation sociale comme les siècles l'ont faite, admirable; je n'aperçois, dans cet immense mécanisme humain que d'imperceptibles défauts, que de légères imperfections; qu'on les corrige, et tout ou presque tout, qui, jusqu'ici, se fait mal, tout ou presque tout, dis-je, sera bien fait, et alors seulement, alors la terre sera pour nous un véritable Eldorado.

J'ai vu des machines dont les produits étaient imparfaits; un défaut microscopique en était cause; mais le hasard, ou plus souvent le génie de l'homme, découvrit ce qui manquait à la perfection du mécanisme, et la machine n'offrit plus que des produits excellents et irréprochables.

Tous les petits défauts de notre organisation sociale me sont connus : qu'on me mette à même de les corriger, et *le bonheur de l'humanité, autant qu'il est possible, en sera la conséquence.*

Je crois au patriotisme de la plupart des hommes qui nous

gouvernent ; les dangers qui menacent la société sont si grands, que je ne puis, que je ne veux pas supposer qu'ils resteront indifférents et sourds aux moyens efficaces que j'expose et que je possède pour sauver le monde en péril.

Il pourrait se faire, pourtant, qu'ils fussent impuissants à cet égard ; eh bien ! il reste une ressource, une dernière planche de salut :

Qu'une société se forme au capital de cent mille francs, je lui indiquerai les moyens d'assurer, pour 1852, le triomphe de l'ordre, et, tout en obtenant d'honnêtes bénéfices, de placer notre belle France à la tête des nations.

D'avance, je déclare que je ne demanderai aucune rémunération, pas même à faire partie de cette société.

Paris. — Imprimé par Henri et Charles NOBLET, 56, rue Saint-Dominique.

www.ingramcontent.com/pod-product-compliance
Lightning Source LLC
Chambersburg PA
CBHW061719060726
47597CB00006B/2468